Inhaltsverzeichnis

Vorwort

Keine Angst!

Hier handelt es sich nicht um ein weiteres Buch über Klassenführung, in dem man Ihnen rät, sich mit „Trommel dich frei in der Toskana"-Kursen einigermaßen über Wasser zu halten – die Yogamatte bleibt im Schrank!

Dieses Buch, aus der Praxis heraus geschrieben, widmet sich Tabuthemen:
Schüler können manchmal wie Wölfe im Schafspelz sein.
„Hey, Lehrer! Schulangst?" zeigt Ihnen nicht, wie Sie Schüler in Heilige („Schafe") verwandeln, sondern wie die Pelze anbleiben.

Also:

- Wie sanktioniert man richtig – **zum Wohle der Schüler und des Lehrers?**
- Wann lohnt es sich, zu kämpfen, **um entspannt führen zu können?**
- Was kann ich aktiv tun, um eine Klasse besser in den Griff zu kriegen? **Welche Übungen helfen mir dabei?**

Ergeben Sie sich in Ihr Lehrerdasein – lebenslänglich A 12 und dafür Bauchweh – oder ändern Sie es?

Sie entscheiden!

Markus Grimminger

Hey, Lehrer!
Schulangst?

- Sich durchsetzen
- Die Klasse führen
- Entspannt unterrichten

Auer Verlag GmbH

Gedruckt auf umweltbewusst gefertigtem, chlorfrei gebleichtem und alterungsbeständigem Papier.

2. Auflage 2008
© by Auer Verlag GmbH, Donauwörth
Alle Rechte vorbehalten
Das Werk und seine Teile sind urheberrechtlich geschützt. Jede Nutzung in anderen als den gesetzlich zugelassenen Fällen bedarf der vorherigen schriftlichen Einwilligung des Verlages. Hinweis zu § 52 a UrhG: Weder das Werk noch seine Teile dürfen ohne eine solche Einwilligung eingescannt und in ein Netzwerk eingestellt werden. Das gilt auch für Intranets von Schulen und sonstigen Bildungseinrichtungen.
Illustrationen: Markus Grimminger
Satz: Fotosatz H. Buck, Kumhausen
Druck und Bindung: Druckhaus Köppl und Schönfelder oHG, Stadtbergen
ISBN 978-3-403-04439-0

www.auer-verlag.de

Tipps

In diesem Buch erhalten Sie relativ viele Tipps. Zwei Dinge gibt es zu Tipps zu sagen:

- Niemand zaubert. Aus einem Ackergaul wird kein Rennpferd (und umgekehrt).
- Gute Tipps sind einfach.

Mich fragte z. B. jemand, der Probleme mit seinem Alkoholkonsum hatte, nach einem guten Tipp. Der Tipp hierzu lautete:

„Trinke weniger – höchstens zwei Bier oder Weinschorlen pro Tag!"

Der Tippsuchende meinte, dass seine Situation viel komplizierter wäre und mein Tipp gar kein Tipp sei *(„Sch...-Tipp!")*. Irgendwie hat er für sich betrachtet Recht, meinen Sie?[1]

Glauben Sie mir, der Tipp war wirklich gut!

(Die Anmerkungen zu den einzelnen Textstellen finden Sie im Anhang ab S. 60.)

Veränderung

Wir vermuten heute, dass mindestens 75 Prozent unserer Person von Geburt an festliegen. Da lässt sich halt nichts machen. Wie Sie wissen, rede ich nicht nur von Körpergröße, Haarfarbe und Fettanteilen der Haut, sondern auch von handfesten Charakterzügen und Verhaltensweisen.

Die ersten drei Monate nach unserer Geburt legen grundlegende Denkweisen fest, nach drei Jahren sind die Grundzüge unserer Persönlichkeit fertig „ausgewachsen".

In unserer Jugend lernen wir noch schnell, dann wird's immer schwieriger.

Und jetzt kommen Sie mit 47,2 Jahren (Durchschnittsalter deutscher Pädagogen) und wollen noch mal so richtig loslegen?

Vergessen Sie's!

Ganz der Opa ...

Verantwortung

Eigentlich ist es unwichtig, wie viele Prozentanteile unserer Persönlichkeit festliegen und wie viele veränderbar sind. Hierauf haben wir nämlich sowieso keinen Einfluss. Es lohnt sich nicht, weiter darüber nachzudenken.

Wirklich entscheiden müssen wir uns allerdings bei folgender grundsätzlicher Frage:

Bin ich verantwortlich für mein Leben – oder sind es die Umstände um mich herum?

Sowohl als auch, meinen Sie? So eindeutig lässt sich die Frage nicht beantworten? Betrachten wir uns folgendes Beispiel:

Die Tat	Ist er verantwortlich?
Ralf versetzt Max einen Kinnhaken.	ja
Ralf, 6 Jahre alt, versetzt Max einen Kinnhaken.	ja
Ralf, völlig betrunken, versetzt Max einen Kinnhaken.	ja
Ralf, völlig betrunken, versetzt Max einen Kinnhaken, weil Max ausgiebig mit Ralfs Freundin flirtete.	ja
Ralf, von seinem Vater immer geschlagen, der seinerseits schwerer Alkoholiker war, versetzt Max einen Kinnhaken, weil der seine Eltern aufs Übelste beleidigte.	ja
Ralf versetzt Max einen Kinnhaken, weil Max die ganze Zeit wütend auf ihn einschlug, und Ralf, obwohl er flüchten wollte und mehrmals vergebens um Hilfe rief, keinen weiteren Ausweg mehr wusste.	ja

Bitte verwechseln Sie
„verantwortlich sein" nicht
mit „schuldig sein".

Übrigens, die ganzen obigen Jas
beziehen sich nicht nur auf Ralf,
sondern auch auf Max:

Ralf versetzt Max einen Kinnhaken.
Ralf ist verantwortlich für das Schlagen.
Max ist verantwortlich für das Geschlagenwerden.

Die Schuldfrage klären Gerichte, Kirchen und Stammtische – von
Land zu Land durchaus unterschiedlich! Wer Recht und wer
Unrecht hat, darüber können die beiden sicher noch weiter
streiten, wobei sie allerdings wieder jeder für sich die Verantwortung übernehmen.

Ob es sich moralisch vertreten lässt, jemanden zu schlagen,
darüber können Sie gerne ab jetzt zwei Minuten nachdenken.
Ob Sie das tun oder nicht – dafür sind Sie natürlich verantwortlich.

Ich erahne Ihre Gedanken:
Sie konstruieren mir jetzt einen sehr schlimmen Fall, in den die
Hauptperson wirklich unschuldig hineingedrängt wurde und
(Ihrer Meinung nach) keinerlei Verantwortung trägt.

Tun Sie das nicht!
Denken Sie lieber über Ihr eigenes Leben nach:

Sind Sie **und nur Sie** verantwortlich für Ihre jetzige Situation?

„Ja und nein", sagen Sie? (Sie sind ein harter Brocken!)
Überlegen wir einmal andersherum:

Wenn es nicht Sie sind, der für Ihre jetzige Situation die alleinige und volle Verantwortung trägt, wer dann?

Ihre Mutter etwa, weil sie Ihnen zu viel oder zu wenig zu essen gab? Ihr Vater, weil er Ihnen alles durchgehen ließ? Ihr Ehemann/Ihre Ehefrau, weil er/sie Ihnen das Leben zur Hölle macht? Der Direktor Ihrer Schule, weil er Sie (wie ja jeder weiß) benachteiligt und nicht leiden kann? Die Schüler, weil ihnen wichtige soziale Kompetenzen fehlen, weil das Elternhaus nicht mehr genügend miterzieht? ..., weil ...?

Wachen Sie auf!

Sie können in Ihrem Leben nur etwas verändern, wenn Sie für Ihre jetzige Situation die alleinige und volle Verantwortung übernehmen.

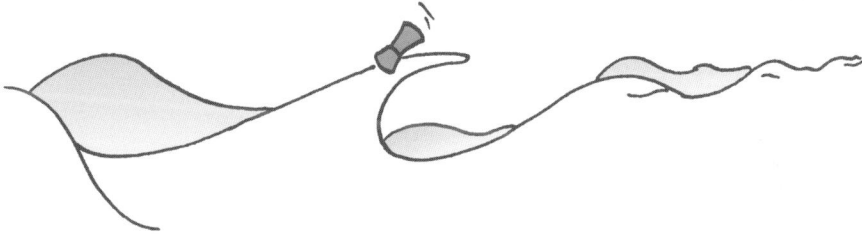

Sonst leben Sie wie der Korken auf dem Wasser: Mit Ihnen geht's rauf und runter, und die Wellen sind dafür verantwortlich.

Wollen Sie das wirklich?

Mut zur Veränderung

Wenn Sie etwas ändern wollen, dann brauchen Sie Mut. Man bleibt eben lieber an seiner jetzigen Situation haften. Neues birgt immer Gefahren.

Sind Sie mutig?
„Ja und nein", sagen Sie, ich weiß ...

Ist es mutig, von einem 8 Meter hohen Turm herunterzuspringen? Nein, das ist einfach nur dumm.

Ist es mutig, von einem 8 Meter hohen Sprungturm im Schwimmbad herunterzuspringen, wenn der Bademeister dabei aufpasst und Sie vorher immer nur vom 1-Meter-Brett heruntergehüpft sind? Ja, das ist mutig.

Sind Sie mutig, wenn Sie vor dem Sprung zittern? Ja, Sie sind mutig.

Könnte man es wirklich noch als mutig bezeichnen, wenn Sie nach dem Zittern erst noch eine Minute weinen, bevor Sie springen? Ja, das ist mutig.

Sie springen. Das ist mutig!

Im Vergleich zu Tarzan waren Sie nicht mutig, meinen Sie?
Vergleichen Sie nicht!

Für Tarzan wäre es sicher
sehr mutig, eine Schulstunde
als Lehrer durchzustehen
und nicht zurück in den
Dschungel zu flüchten.
(Ich rede hier nicht
von einer Turnstunde!)

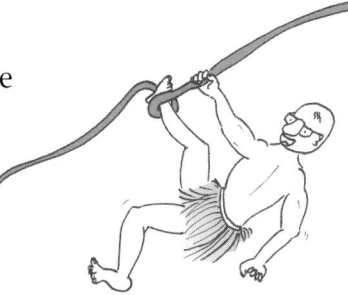

Auch scheinbar ganz mutige Menschen haben vor oft alltäglichen Situationen übertrieben viel Angst.

Hier ein Auszug aus dem Katalog der Ängste:

Andreas   hat Angst, eine wirklich feste Bindung einzugehen. Es könnte ja eine Bessere, Schönere kommen. Er ängstigt sich aber auch sehr, seine jetzige Freundin zu verlieren.

Berta   hat Angst davor, zum Arzt zu gehen, obwohl von ihrer linken Bauchseite oftmals ein dumpfer Schmerz bis zur Schulter ausstrahlt.

Carl   hat Angst vor dem Aufzugfahren.

Doris   hat Angst davor, „nein" zu sagen. Sie fühlt sich sonst immer schuldig und nicht gemocht.

Edwin   fliegt nicht nach Ibiza. Er fliegt Gleitschirm. Edwin kontrolliert gerne alles. Er hat Angst, im Flugzeug nicht rauszukönnen, wenn ihn die Panik packt.

Unangenehm ist oft nicht nur die Angst an sich (man fährt eben keinen Aufzug mehr, fliegt nicht usw.), sondern die Folgen über die Jahre hinweg:

Andreas lebt mittlerweile allein und mehr und mehr zurückgezogen. Er beteiligt sich fast nie, macht kaum feste Termine, denn es könnten ja jederzeit bessere Projekte hereinflattern.

Berta stirbt ... nicht! (Die Schmerzen kamen nur vom Rücken.) Berta schont sich allerdings zunehmend, da es schmerzt, wenn sie Sport treibt ...

Carl lebt im Erdgeschoss einer Altbauwohnung. Keiner verstand, warum er die Beförderung vor vier Jahren ausschlug, nur weil er seinen Büroraum hätte wechseln müssen, zumal das neue Büro eine atemberaubende Aussicht geboten hätte.

Doris fühlt sich immer schwächer in letzter Zeit. Sie schläft schlecht.

Edwin fährt mittlerweile auch keinen Bus mehr. Seine Angst überträgt sich auf andere Bereiche ...

Lernen wir diese Menschen erst jetzt kennen, dann bekommen wir die abenteuerlichsten Geschichten von ihnen über ihr „eigenwilliges" Verhalten erzählt.

Ängste haben den Hang zur Generalisierung: Wenn man sich ihnen nicht stellt, nehmen sie immer mehr Raum ein.

Ach ja, natürlich können wir nicht verstehen,

- dass jemand schlecht schläft, nur weil er in die 8b muss.
- dass jemand nicht mal ordentlich auf den Tisch haut und für Ruhe sorgt.
- dass jemand wegen der kleinsten Kleinigkeit herumschreit und Verweise erteilt.
- dass jemand sich vor der Hofaufsicht drückt.
- dass jemand den Schülern so viel durchgehen lässt.
- dass jemand einem nicht in die Augen sehen kann.

Oft nur ein kleiner Schritt …

Dummheit

In den vorangegangenen Kapiteln haben wir gesehen, dass man wirklich mutig sein muss, um Ängste zu überwinden.

Dabei spielt es übrigens keine Rolle, ob Sie von sich denken, Sie seien der größte Feigling oder total mutig. Jeder trägt hier auf seinem ganz persönlichen Schlachtfeld seine eigenen Kämpfe aus.

Nun gewinnt man ja nicht immer. Oft gibt man sogar auf. Das ist alles menschlich, und wer angstfrei lebt, der werfe den ersten Stein.

Allzu menschlich ist es jedoch leider auch, seine verlorenen Schlachten zu begründen.

Um beim Beispiel Turmspringen (8 Meter, Schwimmbad, bisher nur 1-Meter-Brett-Erfahrung) zu bleiben, geht das etwa folgendermaßen.

Der Angsthabende:

„Eigentlich ist ja gar nichts dabei, da runterzuspringen, aber ich hab einfach keine Lust. Da muss man erst da hoch, vielleicht sogar noch ewig anstehen, und dann – nach zwei Sekunden – ist schon wieder alles vorbei. Langweilig. Wenn man Pech hat, rutscht einem noch beim Eintauchen ins Wasser die Badehose runter. Außerdem macht das ganze Gespringe ganz schön viel Krach. Guck! Jetzt kreischen die wieder so beim Runterspringen. Wenn man nur mal ruhig schwimmen will, stört's schon …"

„Wenn ich das Schwimmbad geplant hätte, würde das Sprungbecken weit weg vom Schwimmbecken stehen. Wer dann springen will, der kann's ja machen, ohne die anderen zu stören. Außerdem hopsen da sowieso nur Jugendliche runter. Das sind auch genau die, die den ganzen Dreck im Schwimmbad hinterlassen ..."

„Ich glaube, ich würd gar kein Sprungbecken einplanen. Für das eingesparte Geld könnte man den Grünbereich ums Schwimmbecken schöner anlegen (und mehr 1-Meter-Sprungbretter anbringen ...). Die Jugendlichen würden dann eher woanders hingehen, und wirklich interessierte Schwimmer kämen in mein Bad. Die, mit denen man sich halt auch vernünftig unterhalten kann. Nicht so Chaoten ..."

Aus verlorenen Kämpfen mit Ängsten entsteht oft engstirnige Dummheit. Man zimmert sich in seinem Kopf irgendwelche Erklärungen zurecht, nur um nicht als Verlierer dazustehen und „normal" weiterleben zu können.

Dann sucht man Gleichgesinnte, die einem Recht geben.

„Ich hab also doch nicht verloren! Weil ich es nämlich gar nicht nötig habe, zu kämpfen!"

Man umgibt sich mit noch Schwächeren (unter den Blinden ist der Einäugige König) und sonnt sich in dem Gefühl, Recht zu haben und das Richtige vom Falschen exakt trennen zu können.

Genau das bezeichne ich als engstirnige Dummheit.

Das Schlimmste an allem aber ist, dass man wirklich schöne Sachen verpasst:

Was man verpasst ...	Mögliche Angst vor ...
Campingurlaub	dreckigen Toiletten, lauten Egoisten, Insekten, Konfrontation mit Fremden
richtig guten Sex	Nähe, Schleim, Schweiß, Bakterien, dem Sich-gehen-Lassen
Tanzabende	Übermüdung, Abweisung, dem Angestarrt-Werden, dem Alleine-Herumstehen
tollen Unterricht	dem Übernehmen der Führung, dem Loslassen, dem Experimentieren, dem Aus-sich-Herausgehen

Sie brauchen das nicht, meinen Sie?

Sie bleiben lieber auf Ihrer kleinen, überschaubaren, von Ihnen halbwegs kontrollierten Insel.

Ehrlich?

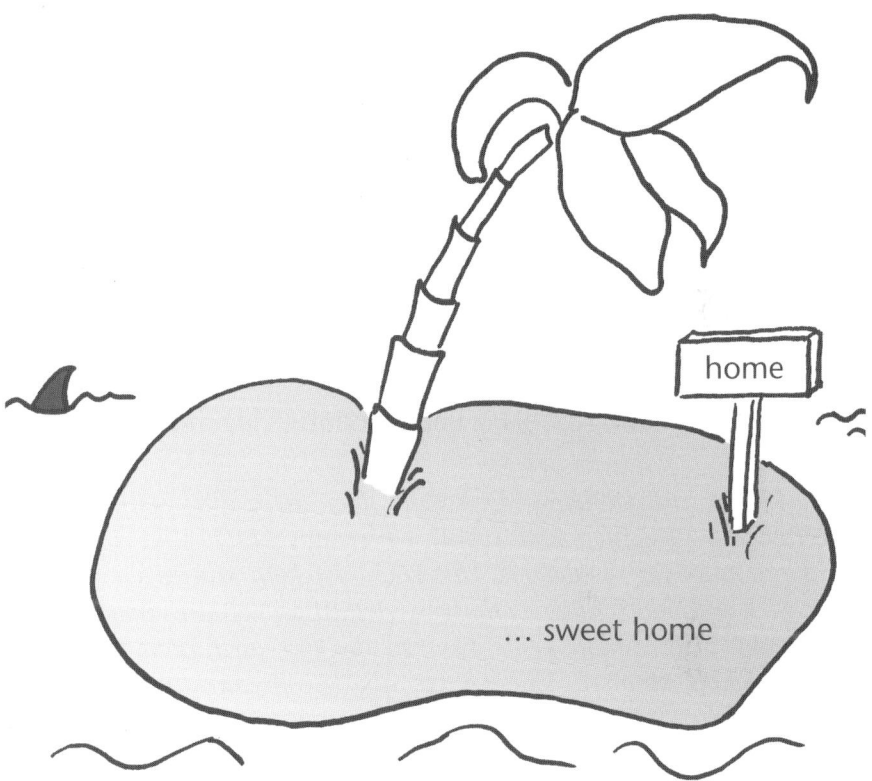

Warum wohl lesen Sie dieses Buch?

Es bröckelt an allen Ecken und Enden. Die Insel verändert sich, stimmt's?[2]

Das Unterrichten von Schulklassen

Wie die Überschrift bereits sagt, geht es in diesem Kapitel um das Unterrichten von Schulklassen. Sie erfahren hier nicht, wie man toll und spannend unterrichtet, damit einem die Schüler lerneifrig an den Lippen hängen, sondern wie man eine Klasse ruhigstellt und entspannt führt.

Wenn Sie das bereits können, dann haben Sie dieses Buch tatsächlich unnötigerweise gekauft. Bitte lesen Sie nicht weiter! Sie bekommen wirklich keine neuen Informationen. Es müsste Ihnen vielleicht noch möglich sein, die bereits gelesenen Seiten glatt zu pressen. Sie erhalten somit ein günstiges Geschenk für einen Verwandten oder Bekannten, der sicher auch irgendwann einmal Lehramt studieren möchte.

Der im tiefsten Inneren nach Beherrschung ringende Pädagoge:

„Eine Klasse ruhigstellen? – Das kann doch nicht alles sein!!! Kinder (Jugendliche) brauchen viel mehr! Unterricht beschränkt sich doch nicht nur aufs Still-Dasitzen. Unterricht ist kein starres Gebilde! Er muss sich öffnen. Schüler benötigen vielfältige Lernangebote, die sie motivieren. Wir wollen keine Jasager, die nur ausführen und nicht selbst denken können. Der Lehrer als Lernorganisator muss den Schülern hilfreich zur Seite stehen.
Die Schüler wiederum lernen, ihre Lerninhalte zeitlich und inhaltlich möglichst selbstständig zu organisieren, damit sie den späteren Anforderungen des Lebens (der Wirtschaft ...) gewachsen sind ..."

„Man kann die Schüler doch nicht alle über einen Kamm scheren. So wird man den Kindern nicht einmal annähernd gerecht!"

„Vor mir sitzt keine Klasse, sondern es befinden sich in dieser Lerngemeinschaft 25 Individuen mit ihren eigenen individuellen Lernvoraussetzungen, ihrem eigenen sozial-emotionalen Background ...“

Glauben Sie mir:

Vor Ihnen sitzt **eine Klasse**. Sie heißt 3b, 8d, 11c oder ähnlich.

Von Hühnern, Löwen und Menschen

Sie sind Mutter eines 13-jährigen Sohnes und kriegen's immer ab („*Oh, Mudder!*"). Warum glauben Sie wohl, ist das so?

Schüler, die eben noch total eklig und provozierend antworteten, sagen zwar immer noch ihre Meinung, wenn der Direktor hereinkommt – es klingt aber irgendwie (obwohl fast das Gleiche gesagt wird) diskussionswürdiger.

Die Peitsche knallt, und die Löwen springen durch den brennenden Reifen. Wirklich alle Löwen? Schauen Sie genau hin!

Das alte Hühnerhaus wird abgerissen. 20 Hennen erhalten ein neues Heim. Sie legen in den ersten Tagen fast gar keine Eier. Vier Hennen bluten am Kopf.

Michael erzählt einen wirklich tollen Witz im Stuhlkreis. Wenige lachen.

Tobias erzählt einen schlechten Witz. Viele kennen ihn bereits. Viele lachen.

Lehrer 1:   *„Klaus, setz dich neben Martina!"*

Klaus (wird rot): *„Nein, ich setz mich nicht neben ein Mädchen."*

Lehrer 2:   *„Klaus, setz dich neben Martina!"*

Klaus (wird rot), setzt sich neben Martina.

Lehrer 1:   *„Jochen, warum machst du immer noch keine Hausaufgaben? Du weißt doch, wie wichtig das für dich ist. Wir haben ja auch schon so oft darüber geredet."*

Jochen: *„Die Aufgaben konnte ich aber schon. Warum sollte ich sie dann daheim noch mal machen?"*

Lehrer 1:   *„Aber Jochen, du weißt doch, wie wichtig Hausaufgaben für dich sind. Man übt das bereits Gelernte. ... bla, bla, bla ..."*

Jochen macht keine Hausaufgaben.

Lehrer 2:   *„Jochen, du hast keine Hausaufgaben?"*

Jochen: *„Die Aufgaben konnte ich aber schon. Warum sollte ich sie dann daheim noch mal machen?"*

Lehrer 2:   *„Morgen keine Hausaufgaben bedeutet: Übermorgen steht um Punkt 10 Uhr dein Vater da."*

Jochen erledigt seine Hausaufgaben.

Mitschüler: *„Jochen, warum machst du denn beim Lehrer 2 deine Hausaufgaben?"*

Jochen: *„Der hat's mir besser erklärt."*

Von Alpha bis Omega

Innerhalb einer Gruppe (Hühner, Löwen, Schulklasse) bildet sich eine Rangordnung aus. Das ranghöchste Alpha-Tier führt die Gruppe an. Schlusslicht ist das Omega-Tier. Es macht Platz, kuscht und frisst als Letztes.

Jeder kennt seinen Platz und weiß, woran er ist.

Das schafft Sicherheit.

Es spielen sich Verhaltensregeln ein, z. B. bei der Nahrungsaufnahme, bei der Fortpflanzung (nur das Alpha-Tier darf) und beim täglichen Umgang miteinander.

Das schafft Sicherheit.

Kommt es trotzdem zur Konfrontation, dann muss nicht großartig gekämpft werden. Der Ranghöhere hat Vorrang.

Das schafft Sicherheit.

Der Ausgang des Kampfes steht gewissermaßen schon vorher fest. Warum dann noch kämpfen?

Tiere lieben die Sicherheit.

Sie brauchen einen Schlafplatz, einen Fressplatz, einen Abort und ein Revier, das sie mit ihrer Duftmarke besprenkeln können. Ändert sich beispielsweise der Schlafplatz der Tiere (etwa durch ein neues Hühnerhaus), dann werden die Tiere unsicher und aggressiv. (Es gibt nichts Gefährlicheres als ein stark verunsichertes Tier.)

Auch wir verhalten uns in gewissem Sinne tierisch.

Wenn Sie zum Beispiel in Urlaub fahren, dann können Sie auch erst richtig entspannen, wenn Sie Ihren Schlafplatz (Zelt, Hotelzimmer ...), Ihren Essplatz (Restaurant, Cafeteria ...) usw. inspiziert und für sich in Anspruch genommen haben. (Das Besprenkeln mit Urin sollten wir uns eigentlich schon seit einigen tausend Jahren verkneifen.)

> Das schafft Sicherheit.

Erst jetzt genießen Sie Ihren Urlaub. Ihre Gedanken drehen sich nicht mehr nur um Überlebensfragen. Sie nehmen sich nun Zeit für die schönen, kreativen Dinge des Lebens: Sonne und Meer, Beethovens Klavierkonzerte, Einsteins Relativitätstheorie, die Schöne dort drüben an der Strandbar ...

Viele von uns nehmen ihre ganzen „Plätze" auch einfach mit (Wohnmobil, Wohnwagen) oder fahren immer an den gleichen Ort – möglichst noch ins gleiche Hotelzimmer usw.

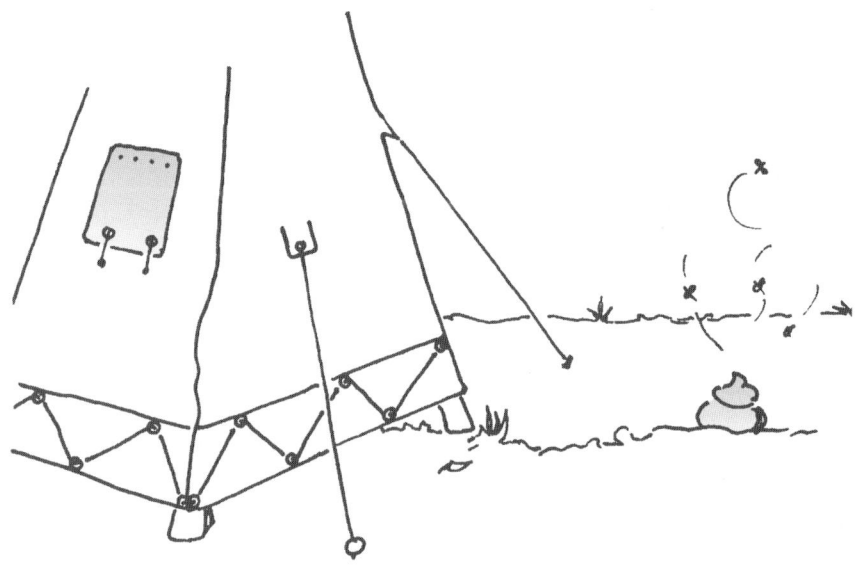

> Das schafft ...

Sind Sie ein Leader?

Sie sind der Lehrer. Sie müssen das Alpha-Tier der Gruppe sein. Alles andere macht wenig Sinn. Es bleibt Ihnen nichts anderes übrig, als um die Führungsposition zu kämpfen. Man wird Sie herausfordern:

Zuerst die Alpha-, Beta- und Gamma-Schüler.

Wenn Sie immer ausweichen oder gar ständig verlieren, dann werden Sie durchgereicht. Schließlich mucken sogar die Omega-Schüler auf. Obwohl das eigentlich die sind, die sich leicht „dressieren" lassen und auf Befehl durch den brennenden Reifen springen.

Ihre Sicherheit schmilzt dahin. Nur noch wenige Schüler hören – nämlich diejenigen, die auch ohne Lehrer brav vor sich hinarbeiten. Das von Ihnen überlassene Terrain wird sofort besetzt und mit „Duftmarken" bespritzt. Sie haben es plötzlich mit ausgeprägten Egoisten zu tun. Jede Ihrer Anweisungen wird hinterfragt und bis ins Detail ausdiskutiert.

Füße erscheinen auf den Bänken. Der Umgangston ändert sich radikal. Es wird laut und absichtlich gehustet und die Nase hochgezogen.

Die egozentrischen und aggressiven Schüler setzen sich durch. Ja, man muss als Schüler Aggressivität zeigen, um halbwegs anerkannt zu werden. Viele „normale" Schüler wirken verunsichert.

Es gibt Probleme mit den Eltern. Die Elternschaft spaltet sich in zwei Lager. Das eine (hauptsächlich Omega-Eltern) hält zu Ihnen – wegen Ihres Engagements, Ihrer ordentlichen Erscheinung und

Ihrer konservativen Lerneinstellung: *„Die Schüler sollen ordentlich sein und sich benehmen können ..."*

Die andere Elterngruppe hält wenig von Ihnen (zumal oft die Leistungen der Alpha-Schüler stark abfallen). Obwohl keiner so genau sagen kann, warum. Denn vordergründig machen Sie alles richtig: Sie engagieren sich, korrigieren ordentlich, bereiten sich vor, sind ordnungsliebend und diskutieren immer an vorderster Front mit, wenn es darum geht, wie die Schüler sein sollten bzw. wie die Gesellschaft sie erziehen müsste.

Das Dilemma unserer Ausbildung

Sie denken, dass nicht jeder Lehrer ein geborener Gruppenführer sein kann? Es entspricht überhaupt nicht Ihrem Naturell, andauernd sagen zu wollen, wo's lang geht?

Ihre Stärken liegen vielmehr im sozial-integrativen Bereich. Sie arbeiten gut mit anderen zusammen und bemühen sich wirklich sehr um ein menschliches, emotional ausgeglichenes Klassenklima. Sie glauben an das Gute im Menschen und sind bereit, sich dafür zu engagieren.

Sie haben natürlich Recht!

Eine Segelschiff-Geschichte:

Sie haben ein altes Segelschiff ausgebaut. Dabei waren Sie wirklich sehr kreativ. Man fühlt sich sofort heimisch auf Ihrem Schiff. Alles glänzt vor Sauberkeit. Auch bei der technischen Ausrüstung wurde an nichts gespart: Radar, GPS, alles da!

Sie können selbstverständlich toll segeln, kennen sich mit den Windverhältnissen aus und lieben das Meer. Wir planen zusammen eine Atlantiküberquerung. Morgen soll es losgehen.

Obwohl sich die technische Ausrüstung an Bord befindet, können Sie sie leider nicht bedienen, denn Sie sind halt mehr so ein Klassikliebender, ein Naturverbundener, der eben das Meer ohne technischen „Schnickschnack" liebt. Mit Elektronik konnten Sie noch nie etwas anfangen …

... ich werde nicht mitfahren!

Ein Möbelschreiner muss die Kreissäge bedienen können.
Ein Chirurg muss Nähte nähen können.
Ein Maler braucht Grundkenntnisse über Farben.
Ein Lehrer muss führen können.

Die Vergleiche hinken, sagen Sie? Denken wir andersherum:

„Oh, er ist ein toller Möbelschreiner. Er hat hinreißende Schränke ent-worfen! Aber leider bringt er die Schränke nie so gescheit fertig. Wenn nur sein Handicap mit der Kreissäge nicht wäre ...“

Dann kann er doch sein Geld mit tollen Entwürfen verdienen, meinen Sie?
Dann verdienen Sie doch Ihr Geld mit toller Einzelnachhilfe, sage ich.

Uns fehlt das Handwerkszeug zum Führen von Gruppen. Allenfalls lehrte man es uns z.T. theoretisch; richtig geübt haben wir es nie!

Verglichen mit den hochgeistigen Theorien der Erziehungswissenschaften, die man im Studium lernte, klangen die Tipps zum Führungsstil bei den wenigen Übungsstunden sehr hausbacken: *„Trauen Sie sich ruhig!", „Haben Sie mehr Mumm!", „Die tun Ihnen schon nichts, die Schüler!"* usw.

Auf Rangordnungskämpfe innerhalb von Gruppen wurden wir gar nicht vorbereitet.[3]

Ja, sie schienen völlig vermeidbar:

Absichtlich störende Schüler, die böswillige Bemerkungen machen? Eindeutig ein Motivationsproblem! Wenn Sie Ihre Unterrichtsstunde gut vorbereiten, die Schüler dort abholen, wo sie stehen (mit einem motivierenden Einstieg), dann klappt's!

Sie müssen als Lehrer somit nicht 1000-mal korrigieren und ermahnen. Planen Sie Ihren Unterricht detaillierter! Formulieren Sie Ihre Ziele klarer aus …

Sie brauchen kein neuer Mensch zu werden, um zu führen. Es wäre sogar ausgesprochen schlecht, wenn Sie Ihren Charakter total verbiegen.

Sie sollten sich lediglich einige handwerkliche „Tricks" aneignen, um Ihnen und den Schülern das Leben zu erleichtern und mit dem eigentlich Wichtigen und Spannenden beginnen zu können: dem Unterrichten.

Ihre Klasse, die abnormalste Gruppe der Welt

Vor Ihnen sitzen etwa 25 gleichaltrige Jugendliche für 5 bis 6 Stunden am Tag. Danach löst sich die Gruppe auf; jeder Einzelne begibt sich wieder in seine „natürliche" Kleingruppe (evtl. Mama, evtl. Papa, evtl. Geschwister, Fernseher, Computer ...).

So etwas gibt es im Tierreich nicht. Das ist einzigartig abnormal!

Gleichaltrige Heranwachsende bleiben in einer Primatengruppe relativ selten und schon gar nicht in dieser Anzahl so lange zusammen.
Der natürliche Bewegungsdrang der Jugendlichen (ca. 20 km pro Tag) kann in unserem Schulsystem nicht genügend berücksichtigt werden. Es gibt kaum Plätze zum Ausweichen.

Zwischen gleichaltrigen Heranwachsenden entstehen notgedrungen erheblich mehr Rangordnungskämpfe als zwischen Kindern verschiedenen Alters.[4]

In unserer Einzelkindgesellschaft könnte der Unterschied zwischen schulischem Leben (Großgruppe) und außerschulischem Leben (hauptsächlich Kleingruppe) nicht größer sein.

> **Das alles macht es Ihnen nicht leichter.**
> **An all dem ändern Sie nichts!**

Übernehmen Sie für Ihre (zugegebenermaßen schwierige) Situation die alleinige und volle Verantwortung!
Arbeiten Sie an Ihrem Führungsstil, wenn Sie Disziplin- und Kompetenzprobleme haben!

Die Alternative:

Werden Sie Monarch. Befehlen Sie Ihren Untertanen, mehr Kinder zu zeugen, diese besser zu erziehen und nicht so zu verwöhnen – eben genau so, wie Sie es mit Ihren goldigen kleinen Enkeln praktizieren. Verpflichten Sie alle Lehrer, am Schulort zu wohnen, den Kirchenchor zu leiten und als Respektperson aufzutreten.

Das Ende der Theorie

Ich weiß, dass vieles in den vorangegangenen Kapiteln provozierend und **stark vereinfacht** dargestellt wurde.

Natürlich lassen sich Menschen(gruppen) nur bedingt mit (Gruppen von) Tieren vergleichen. Der Mensch ist eben keine Graugans – er kann ja auch nicht fliegen.

Darüber hinaus muss gesagt werden, dass das „Alpha-Tier-Sein" allein keinen guten Unterricht ausmacht, sondern nur eine von vielen notwendigen Bedingungen darstellt.

Ich habe dieses Buch geschrieben, weil ich immer wieder erlebe, wie sehr sozial und engagiert eingestellte Kollegen den Mut am Unterrichten verlieren, nur weil sie sich nicht (mehr?) durchsetzen können.

Da wird kopiert, geplant, getan und gemacht – und am Ende kommt fast nichts dabei heraus. Zurück bleibt Frust: „Die (Schüler) *machen ja eh nix mit.*"

Viele eigentlich schöne Unterrichtsphasen fallen weg: „*Ein Spiel? Mit denen? Da sagen der Dominik und die Jenny* (meist Alpha-Schüler!) *sofort: ‚Das ist doch kindisch!'"* Und so weiter!

Andererseits kennen Sie sicher Kollegen, die autoritär führen, bei denen die Schüler „kuschen". Manche dieser „alten Dragoner" haben außer dem Vorteil der ruhigen Klasse wenig zu bieten.

Und jetzt das eigentlich Gemeine **(und die blanke Wahrheit)**:

Der Unterricht dieser Kollegen funktioniert, Ihrer – wenn Sie Führungsprobleme haben – nicht!

Ihrem teuer ausgebauten und mit allem pädagogischem Luxus versehenen Spaßmobil fehlt ein Rad. **Der Dragonertrabi fährt!**

Deshalb schreiben wir uns mit Fingerfarben groß an unseren Badezimmerspiegel:

Schüler müssen sich an anderen (auch Erwachsenen) messen. Sie sollen provozieren dürfen, auch mal laut sein können und ihren eigenen Kopf haben – vor 8 und nach 13 Uhr **und nicht bei mir!**

Sanktionssysteme

Wenn Sie pädagogische Bücher zum Thema Bestrafen oder Sanktionieren suchen, werden Sie nur schwer fündig. Dieses Gebiet wird ungern beschrieben. Allenfalls findet man Unterkapitel in Motivations- und Führungsstil-Büchern.[5]

Man rät Ihnen, anstatt zu bestrafen, Positives zu belohnen, negative Formulierungen zu vermeiden und Sanktionen maßvoll einzusetzen. Die Strafe, sofern wirklich nicht vermeidbar, sollte dem Schüler einsichtig sein und es ihm ermöglichen, durch Annahme der Strafe sein Verschulden zu sühnen.

> Das alles rate ich Ihnen auch.

Sie sind nun bestens gerüstet, um in der Praxis mit den anfallenden Problemen fertig zu werden.

Klasse 7a (Hauptschule): Der Lehrer erklärt eine Prozentrechenaufgabe.

Kevin passt nicht auf.

Lehrer (Gutes verstärkend, nicht negativ formulierend): *„Kevin, in der letzten Stunde hast du 10 Minuten gut mitgearbeitet. Ich bin sicher, das kannst du heute auch!"*

Kevin, bestärkt durch das Lob, passt jetzt gut auf und arbeitet tatsächlich 12 Minuten mit, bevor er wieder schwätzt und sich und seine Mitschüler anderweitig beschäftigt.

Der Lehrer registriert dies, sagt jetzt aber klugerweise nichts mehr (Negatives ignorieren!) und holt sich Kevin nach der Unterrichtsstunde nach vorne zu einem Gespräch unter vier Augen:

„*Kevin, du hast heute 2 Minuten länger aufgepasst als gestern. Das sind immerhin 30 Prozent!*" (Kevin bemerkt den kleinen Rechenfehler nicht, da er leider schon seit längerem in Mathe zu wenig mitbekommt.) „*Ich bin mir sicher, dass – wenn du dich ganz arg anstrengst – **wir** morgen 15 Minuten schaffen!*"

Kevin freut sich auf morgen und ist voller Hoffnung. Leider bleibt er nur 8 Minuten aufmerksam. Eigentlich 7,5 – aber im Zweifelsfall immer für den Angeklagten. Und das ist er nun, der Kevin, ein Angeklagter:

„*Kevin, wie soll ich's sagen …*" (Ja, wie soll man so etwas positiv formulieren?) „*… sei nicht enttäuscht, aber heute konntest du leider nur 8 Minuten aufpassen. Gut ein Viertel weniger als gestern.*"

Kevin blickt zu Boden. Auch er ist enttäuscht; darum versucht er auch gar nicht nachzurechnen. Der Lehrer wird's schon wissen.

Nun überlegt sich der Lehrer eine sinnvolle Strafe, die für Kevin ja auch als Sühne dienen sollte:

... Kevin hat durch sein Verhalten sich und seine Mitschüler geschädigt – also kann er dies doch eigentlich nur wieder gutmachen, indem er sich und seine Mitschüler nicht mehr schädigt ...

Lehrer: *„Kevin, zur Strafe musst du dich ab morgen gut benehmen."*

Kevin nimmt die Strafe an, da sie ihm die Möglichkeit bietet, sein schlechtes Benehmen wieder gutzumachen.

Sie sehen: Innerhalb dreier Tage vom Saulus zum Paulus mithilfe maßvoller positiver Sanktionierung!

Das war etwas polemisch, ich geb's zu.

Sie sollten sich ein Sanktionssystem zurechtlegen. Stellen Sie sich dazu einen Schüler vor, der immer weiter „bohrt".
Um am obigen Beispiel zu bleiben:

Fehlverhalten	Sanktion
Kevin passt nicht auf.	
Kevin passt wieder nicht auf.	
Kevin passt trotzdem nicht …	
Kevin passt immer noch …	
Kevin …	
Kevin …	
Kevin …	
Kevin …	
Kevin …	

Füllen Sie die Zeilen nur mit wörtlicher Rede (also mit Ihren eigenen Worten) aus. Entscheidend ist an dieser Stelle also nur, was Sie sagen, nicht, welche Strafen Sie verhängen. Stellen Sie sich dabei vor, Sie unterrichten zum ersten Mal die Klasse 7a. Die Namen der Schüler sind Ihnen allerdings bekannt.

Sie haben jetzt keine Lust dazu, sagen Sie?

Sie kennen mich leider noch nicht. Deshalb lasse ich das so noch einmal durchgehen. Bitte beachten: Es gibt Dinge, auf die ich Wert lege. Dazu gehört das Ausfüllen dieser Tabelle. **Haben wir uns da verstanden?**

➡ Nur, falls Sie nicht ausfüllen:

Stopp!

Ich weiß, es dauert eine Weile, bis wir aufeinander eingespielt sind. Bei so einer Sache (dem Nichtausfüllen der Tabelle) müssen Sie normalerweise eine Seite Englischvokabeln schreiben. **Ich habe Sie jetzt gewarnt.** Es liegt an Ihnen.

➡ Nur, wenn Sie so starrköpfig sind …

Letzte Ermahnung!

➡ Nur, weil Sie immer noch zögern …

Eine Seite (bis morgen)!

➡ Sie meinen: *„Was passiert, wenn ich die Seite nicht schreibe?"*

Probieren Sie es aus! (Das ist jetzt kein Spaß!) Ich notiere mir Ihren Namen.

➡ Sie kommen morgen ohne die „zusätzliche Übungsarbeit".

Ich begrüße Sie freundlich und normal. Beim Durchgehen der Formalitäten fordere ich (für mich selbstverständlich) die Seite ein.

➡ Sie haben die Seite nicht. (Denn es interessiert Sie ja brennend, was da jetzt wohl Großartiges passieren könnte!)

Ich schaue Sie an. Ruhe vor dem Sturm. Meine Arme und mein Oberkörper drehen sich in Ihre Richtung. Ich sage (und ab jetzt duze ich Sie der Echtheit halber): *„Stell dich mal hin!"*

➡ Sie stellen sich nicht.

„Komm, trau dich doch! Stell dich mal hin!" (Lauter, herausfordernder.) Ich schlage locker, aber laut mit beiden Armen auf mein Pult, stehe auf und bewege mich auf Sie zu.

➡ Sie stellen sich oder auch nicht … (Es spielt jetzt keine Rolle mehr.)

Ich stehe direkt vor Ihnen. Ich bin sicher, ich bin stark. Ich sage ein einziges Wort direkt in Ihr Gesicht: *„Warum?"*

➡ Sie sagen irgendetwas.

Ich unterbreche nach 3 bis 4 Worten. Extrem laut, überraschend, mit einer schnellen Armbewegung nach vorne: ***„Stopp!"*** (Dieses Wort kennen Sie bereits von gestern, alle anderen kennen es auch.) *„Rede Hochdeutsch mit mir!"*

➡ Sie reden nicht Hochdeutsch.

Ich unterbreche sofort – laut, extrem aggressiv: *„Du sollst Hochdeutsch sprechen!"*

➡ Sie sprechen vielleicht jetzt Hochdeutsch, aber blicken mir nicht in die Augen, deshalb:

„Schau mich an, wenn ich mit dir rede!!! (Ich bin jetzt ganz nah an Ihnen dran und wirke zu allem entschlossen!)
Ich lasse jetzt ganz bestimmt nicht mehr „locker". Sie waren so unvorsichtig, eine klar von mir gesetzte Duftmarke zu ignorieren. Wie konnten Sie nur so leichtsinnig sein, mh?
Und so weiter und so fort …

Ich fordere für den nächsten Tag zwei Vokabelseiten von Ihnen ein. Danach rede ich wieder vollkommen „normal" und höflich mit allen anderen Schülern und natürlich auch mit Ihnen.[6]
(Denn ich habe Sie nicht weniger gern und bin natürlich auch nicht in irgendeiner Weise „böse" auf Sie!)

Wenn Sie Ihr eigenes Sanktionssystem zusammenbauen – und das sollten Sie wirklich tun – dann beachten Sie bitte Folgendes:

Der Schüler könnte beim ersten „Kontakt" unwissend eine von Ihnen aufgestellte Regel verletzt haben. (Sie legen unter Umständen auf ganz andere Dinge Wert als Ihre Kollegen.) Deshalb wird der Schüler auf keinen Fall bestraft. Er – und damit alle Schüler der Klasse – erhalten eine Erklärung:

1. Wie muss man sich in dieser Situation verhalten?
2. Welche Strafe droht bei Fehlverhalten?

Bei erneuter „Grenzüberschreitung" erfolgt eine Ermahnung. Machen Sie dem Schüler klar, dass er sich selbst in die Nesseln setzt, wenn er sich weiter verfehlt verhält. Nicht Sie sind somit der Buhmann, sondern der Schüler muss die Verantwortung für sein Verhalten übernehmen.

Verwarnen Sie ein letztes Mal kurz und prägnant. Geben Sie keine Erklärungen mehr ab. Lassen Sie sich auf keine Diskussionen ein. Drücken Sie durch aktive, aggressive Körpersprache (zum Schüler hin, mit ausgestrecktem „pädagogischem" Zeigefinger, nach vorne gebeugt, Blickkontakt, laute Stimme) Ihre Entschlossenheit aus.

Bestrafen Sie maßvoll. Um am Beispiel zu bleiben: Eine Seite Vokabeln reicht völlig aus. Zweimal die Hausordnung abzuschreiben, erzeugt Frust. Sie machen sich unglaubwürdig und können langfristig Ihre Sanktionen nicht aufrechterhalten.[7]

Bitte bedenken Sie: Der Schüler wird durch das Verbüßen seiner Strafe kein „besserer" Mensch. Er denkt beim Schreiben der Hausordnung nicht darüber nach, wie er sich im Unterricht vernünftiger verhalten könnte.

Machen wir uns nichts vor: Das Ausführen der Strafe erzeugt Frust. (Würde es Lust erzeugen, ließe man sich ja gerne bestrafen.) Diesen Schülerfrust bekommen Sie ab, wenn Sie willkürlich, ungerecht, ohne Vorwarnung oder erst viel zu spät bestrafen.

Weiß der Schüler aber, was genau passiert, wenn er weiter die von Ihnen aufgestellte Grenze überschreitet, dann fällt der Frust seiner Strafe auf ihn selbst zurück: *„Wie konnte ich nur so blöd sein und trotz Ermahnung und letzter Ermahnung noch …?"*

Ein funktionierendes Sanktionssystem schafft Sicherheit.

Nach dem Verbüßen der Strafe erhält der Schüler eine total neue Chance. Sie tragen ihm selbstverständlich nichts nach. Nicht der Schüler ist schlecht, sondern sein Verhalten war in diesem einen Punkt falsch. Sie erwarten auch nicht, dass er die von Ihnen aufgestellte Grenze erneut übertritt, dass er sozusagen gar nicht anders kann. (*„Der lernt's ja nie!"*, *„Bei dem ist Hopfen und Malz verloren!"* usw.)

Alle Schüler werden gleich behandelt und gleich bestraft. Entweder darf keiner sprechen, ohne sich zu melden, oder alle dürfen dies.

Diskutieren Sie nur genau einmal über folgende Schüleräußerung:

„Warum werde ich jetzt bestraft und der … nicht? Der hat mindestens genauso gestört wie ich!"

Generell gilt:

Jeder übernimmt für das, was er tut, die Verantwortung!

Wenn zehn Schüler stören und ein elfter stört, dann übernimmt er dafür auch die Verantwortung. Er stört. Er kann bestraft werden – egal wie die anderen sich verhalten!

Auch jeder der anderen zehn Störer übernimmt jeder für sich die Verantwortung für sein Tun. Wer stört, kann bestraft werden.

Wird jetzt aus irgendeinem Grund (der Lehrer sieht nur ihn, er stört in einem besonders ungünstigen Augenblick ...) nur der elfte Schüler bestraft, dann nennt man so etwas Pech. Das Leben ist ungerecht!

Aber der Grundsatz bleibt: Wer etwas tut, übernimmt dafür die Verantwortung.

So verhält es sich übrigens auch im außerschulischen Leben:

Gleiches gilt natürlich auch bei der Ihnen wohlbekannten Schüleräußerung:

„Der hat angefangen!" (Der ist also schuld. Ich hab' mich ja nur gewehrt. Ich hab's ihm ja eigentlich nur zurückgegeben, was er mir zuerst ...)

Jeder übernimmt für das, was er tut, die Verantwortung!

Du bist in Raufereien verwickelt? Aber du fängst nie an? Du wehrst dich nur? Schau dich um! Hier sitzen viele Schüler, die nicht raufen. Sie sitzen einfach nur so da.

Du entscheidest ...   ... wo du mitmachst!

Du musst dich entscheiden, in welcher Gruppe du sein willst. Bei denen, die raufen, oder bei den anderen. Wenn du bei denen mitmachst, die raufen, dann übernimmst du dafür die Verantwortung. Du trägst die Konsequenzen für dein Tun, egal wer anfängt.

Der Anfangskampf um Ihr Sanktionssystem

Sie müssen die Anfangskämpfe um Ihr Sanktionssystem gewinnen! Verwenden Sie die schlaflosen Nächte, die Sie wegen einer schwierigen Klasse sowieso haben, auf das Durchspielen und Entwerfen von Anfangskämpfen um Ihr Sanktionssystem:

„Wie reagiere ich, wenn der Schüler doch nicht ... und doch nicht ... und doch nicht ..."

Zeigen Sie hier Einfallsreichtum. Ihre Reaktionen sollten, wenn der Schüler die Strafe nicht akzeptiert, nicht mehr vorhersehbar sein. Sie sagen nun nicht mehr, was genau passiert, wenn die Strafe nicht akzeptiert wird: *„Probier's aus!"*

Drohen Sie also verbal und nonverbal, aber möglichst unkonkret.

Vermeiden Sie „Wenn-dann-Sätze". Lassen Sie nicht zu, dass Ihr Drohsystem eskaliert:

*„**Wenn** du es jetzt immer noch nicht einsiehst, **dann** kannst du ja gehen!"*

Der Schüler packt seine Sachen und geht. Wer hat jetzt gewonnen?

Schimpfen Sie nie. Worte wie „undankbar", „schlecht erzogen", „kein Benehmen", „frech" usw. können Ihnen als Beleidigung ausgelegt werden. 25 Zeugen hören mit.

Außerdem: Wenn Sie in so emotional-subjektiver Weise dem Schüler Ihre Meinung sagen, dann kann der Schüler ja eigentlich auch Ihnen gegenüber ... Begeben Sie sich nicht auf dieses Niveau.

Bedenken Sie: Bei diesem Wortgefecht geht es Ihnen nicht darum, dem Schüler Ihre Meinung zu sagen, damit er sich endlich ändert und so wird, wie ein (Ihrer Ansicht nach) vernünftiger Mensch sein sollte.

Der Schüler soll lediglich **sein Verhalten** Ihnen gegenüber ändern: Er muss spüren, dass sich das Kämpfen mit Ihnen in bestimmten Punkten nicht lohnt! Er wird Sie als Gruppenführer anerkennen. Die von Ihnen aufgestellten Verhaltensregeln sind einzuhalten.

Haben Sie zufällig einen Alpha-Schüler am Wickel, ersparen Sie sich meist weitere harte Kämpfe: Alle anderen wissen Bescheid.

Abschließend zur Sanktion

Sanktionssysteme sind nicht dazu da, die Schüler zu gängeln. Richtig angewandt, schaffen sie Sicherheit: Die Schüler wissen, woran sie sind.

Wirklich harte Strafen (Verweis, Schulausschluss ...) lassen sich mit gut durchdachten und gestaffelten Sanktionssystemen meist vermeiden.

Der Schüler wird sofort sanktioniert – nicht erst Tage später durch das Verschicken eines Verweises oder durch tagelanges Aufstauen von Lehreremotionen. *(„Jetzt ist das Maß voll ...")*

Werden Sie erst als Gruppenführer anerkannt, dann erscheint es den Schülern auch nicht mehr peinlich und uncool, normal und höflich zu sprechen.

Kein Schüler verrennt sich in ein Selbstbild, das ihm letztendlich schadet: *„Ich muss cool sein. Ich muss der sein, der es den Lehrern zeigt ... Ich bin der begehrenswerte, blaumachende, mysteriöse Einzelgänger, der auf die Noten pfeift und dem es nichts ausmacht, von der Schule zu fliegen, da das wahre Leben sowieso erst abends beginnt ..."*

Anmerkung: Schüler mit dem Krankheitsbild Verhaltensauffälligkeit werden auf Ihr Sanktionssystem seltsam reagieren. Lesen Sie hierzu das Kapitel „Verhaltensauffälligkeit" im Anhang ab S. 57.

Übung macht den Meister

Autofahren lernt man nicht wirklich an einem Tag, Klavierspielen lernt man ein ganzes Leben lang.

Sie können nicht im Ernst erwarten, dass Sie, nur weil Sie ein kleines Büchlein gelesen haben, tatsächlich schon richtig sanktionieren können. Es fehlt Ihnen jegliche Übung.

Ich erwarte von Ihnen, dass Sie jede der nachfolgenden Übungen mindestens zweimal ausprobieren! Sagen Sie nicht *„Das ist zu kindisch!"* oder *„Das ist blöd, das bringt nichts!"*. Verhalten Sie sich nicht wie Ihre schlimmsten Alpha-Schüler!

Haben Sie Mut! Lesen Sie im Zweifelsfalle bitte die Kapitel **Verantwortung**, **Mut zur Veränderung** und **Dummheit** noch einmal durch. Viel Erfolg!

Übung 1: Brüllen

Brüllen Sie, so laut Sie können. Das geht am besten im Auto auf einer wenig befahrenen Landstraße. Man wird Sie ansonsten für verrückt erklären (… auch ein Weg zur frühzeitigen Pensionierung, meinen Sie?).

Brüllen Sie, was das Zeug hält (ca. 5 Sekunden), machen Sie eine kleine Pause (ca. 25 Sekunden), und schreien Sie dann wieder (insgesamt etwa 3 Minuten).

Dieser laute Schrei kommt nicht nur aus Ihrem Mund, sondern aus Ihrem ganzen Körper: Die Bauchmuskeln spannen sich an und drücken Ihren Oberkörper nach vorne, Ihre Arme helfen mit usw.

Denken Sie dabei an etwas Tolles, an einen Sieg: *„Ich habe es ge-schafft – ja!!!"*

Sinn dieser Übung: Nun, leise sprechen können Sie mit Sicherheit schon. Geht's aber auch mal richtig laut? Nutzen Sie die ganze Bandbreite Ihrer Stimme.[8]

Übung 2: Laut-leise-Übung

Ebenfalls am besten im Auto auf einer einsamen Landstraße …

Sprechen Sie folgenden Satz zunächst leise: *„Ich werde immer lauter."* Steigern Sie nun die Lautstärke kontinuierlich. Ihre Stimme muss dabei zunehmend voller, tönender klingen (also kein enges, sich überschlagendes Gekrächze).

Sie können den Satz auch gerne auf ein und demselben Ton singen. Fühlen Sie sich dabei wie ein 1,70 m großer und 3 Zentner schwerer Opernsänger. Ihre Hände umarmen zunächst Ihren (hoffentlich nur virtuell) voluminösen Bauch und dann die ganze (Auto-)Welt.

Wenn Sie Ihre volle Lautstärke erreicht haben, sagen/singen Sie noch dreimal den Satz: *„Jetzt bin ich laut!"*

Nun sprechen/singen Sie zunehmend leiser: *„Ich werde immer leiser."*

Also:

„Ich werde immer lauter."	*„Jetzt bin ich laut!"* (dreimal)	*„Ich werde immer leiser."*

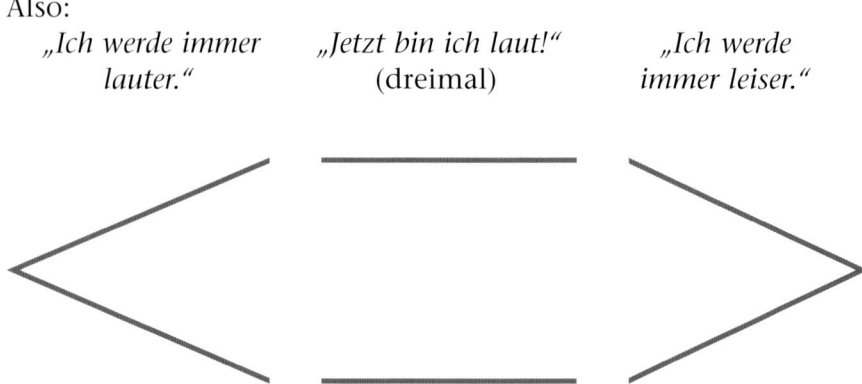

Wenn Sie lauter werden, dann singen Sie die Worte bitte auch immer langsamer, deutlicher und artikulierter. Wenn Sie leiser werden, singen Sie zunehmend schneller.

Anmerkung: Für die Übungen 1 und 2 benötigen Sie wirklich Mut. Ändern Sie Ihre natürliche (und im „normalen" Leben vollkommen berechtigte) Einstellung zur Lautheit: Lernen Sie, auch einmal sehr laut und dabei locker und gelöst zu agieren.

Übung 3: Signalwörter

Um blitzartig für Ruhe sorgen zu können, um in diesem Punkt Ihre ganze Autorität deutlich zu machen, brauchen Sie ein unmissverständliches Signalwort. (Sie meinen, Sie können auch mit Ihrer silbertönenden Signalglocke, die bei Ihnen auf dem Pult steht, klingeln?)

Drei Varianten stehen zur Auswahl:

1. Ganze Sätze: *„Nun seid doch bitte mal ruhig – Ruuuhe bitte! Hört doch endlich auf damit!"*
2. Zischlaute: *„Pschschschd"* oder *„Schscht"*.
3. Signalwörter: *„Stopp!",* *„Halt!"*.

Wir bevorzugen Variante 3 und gewöhnen uns schnellstmöglich Variante 1 und 2 ab.

Bitte beachten Sie: Ihr Signalwort besteht aus einem einsilbigen Wort und kann nicht mit Hundedressur-Sprache verwechselt werden (*„Aus!"* usw.). Entscheiden Sie sich bitte zwischen *„Stopp!",* *„Halt!"* o. Ä.

Stellen Sie sich vor einen Spiegel (erschrecken Sie nicht). Sagen Sie zu Ihrem Spiegelbild das Signalwort.

Würden Sie aufhören, sich mit Ihrem Lieblingsraufbold auf dem Boden herumzuwälzen, wenn Sie 12 Jahre alt wären und dieses Wort gesagt bekämen? Seien Sie ehrlich!
Bedenken Sie, Sie sollen nicht nett winkend dastehen und ein fröhliches *„Stopp!"* in die Klasse flöten, worauf die Schüler dann 15 Sekunden Zeit haben, um ruhiger zu werden und nach vorne zu schauen – dafür haben Sie ja bereits Ihre silbertönende Signalglocke am Pult!

Dieses *„Stopp!"* ist Aggression pur!
Es stellt das schärfste Wort Ihrer gesamten Lehrerlaufbahn dar.
Man hört, sieht und fühlt:

Entsprechend bewegen Sie sich nach vorne (zum Spiegel hin). Ihr Arm schlägt karategleich durch die Luft oder auf den Tisch.

Schauen Sie Ihrem Spiegelbild dabei in die Augen.

Bekommen Sie das Ganze noch schärfer, aggressiver, lauter und entschlossener (aber nicht hysterischer!) hin?
Üben Sie Ihr *„Stopp!"* so lange, bis Sie sich vor Ihrem eigenen Spiegelbild fürchten.

Dieses *„Stopp!"* müssen Sie aus dem Nichts überzeugend parat haben. Eben waren Sie noch ganz ruhig – und plötzlich, unverhofft kommt Ihr *„Stopp!"*. Danach verhalten Sie sich sofort wieder locker und entspannt. Sie reden in normaler Lautstärke weiter. (Falls ein Schüler nach diesem *„Stopp!"* immer noch weiterrauft oder weiterredet, wird er konsequent und mit wenigen Worten zur Räson gebracht.)

Üben Sie diesen Wechsel vor dem Spiegel. Stehen Sie dazu zunächst seitlich zum Spiegel locker da; jetzt feuern Sie Ihr *„Stopp!"* zum Spiegel hin ab, verharren kurz in dieser Pose (dabei Augenkontakt halten!) und entspannen sich dann wieder, indem Sie sich entkrampfen und vom Spiegel wegdrehen.

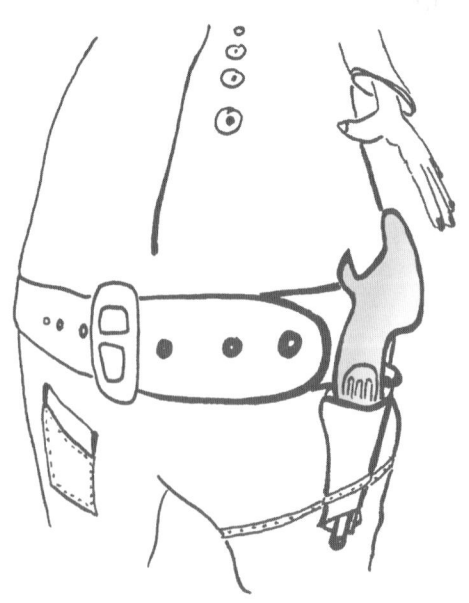

Übung 4: Stopp den Freund!

Laden Sie einen – nicht herzkranken – guten Freund zu einem Bier ein. Kurz bevor er trinkt, probieren Sie Ihr „Stopp!" an ihm aus. Erklären Sie ihm danach, so gut es geht, die Situation, und üben Sie mit ihm weiter.

Überwinden Sie Ihre Scheu! Haben Sie Mut!

Übung 5: Sanktionssysteme testen

Üben Sie mit einem Freund (sofern Sie nach Übung 4 noch einen haben) Ihr Sanktionssystem.

Die störende Tätigkeit sollte von der Testperson möglichst lange aufrechterhalten werden.

Wählen Sie fünf Situationen aus, und spielen Sie diese durch:

– Freund spielt mit einem Bleistift herum.
– Freund fläzt sich in seinem Stuhl.
– Freund schaut aus dem Fenster, wenn Sie etwas erklären.
– Freund redet nicht Hochdeutsch.
– Freund zappelt herum.
– Freund schaut Sie nicht an, wenn er mit Ihnen redet.
– Freund erledigt keine Hausaufgaben.
– Freund antwortet immer mit Herr/Frau Leeeerer (provoziert).
– Freund …

Übung 6: Brüllen – aber jetzt im normalen Unterricht

(Ja! Jetzt geht's an die Schüler!)

Sie schaffen sich eine Situation im Unterricht, in der Sie richtig laut herumbrüllen können.

Beispiele:

Deutsch – Sie lesen eine Geschichte vor …

„… bla … bla … Da sprach der Riese zum Zwerg (ab jetzt loslegen): Du Nichts! Du Wurm! AHHHHH!!! Wie ich es hasse, mit euch Zwergen hier in dieser Höhle gefangen herumzusitzen! (Sie müssen schauspielern, in der Klasse herumlaufen, gezielt auf bestimmte Schüler zugehen, mit Händen und Füßen gestikulieren und extrem laut sein.) Der Zwerg aber sprach: Hey, Riese, spiel dich nicht so auf! (Von jetzt auf nachher wieder im normalen Tonfall. Sie sitzen wieder ruhig und gelassen auf Ihrem Pult.) Wir sind 20 und du nur einer … bla … bla …"

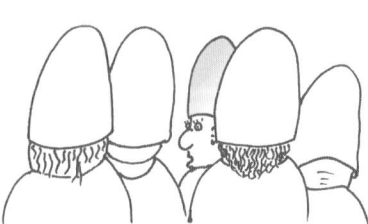

Biologie – Die Amsel im Garten

„... bla ... bla ... Was wir als lieblichen Gesang wahrnehmen, sind in Wirklichkeit die Warnrufe des Amselmännchens. Es markiert hierdurch sein Revier. Aus der Vogelsprache ins Deutsche übersetzt, würde sich ein Amselgesang etwa so anhören (und los geht's!): Ahhhhhh! Weg! Das ist mein Revier! Meins allein! Ahhhhh! ...."

Entsprechendes gilt in anderen Fächern.

Sollten die Schüler im Nachhinein lachen, dann lachen Sie ruhig mit. Über sich selbst zu lachen, zeugt von Stärke.

Obwohl die Schüler lachen, empfangen sie unterschwellig andere Signale: *„Der geht an mich ran, der ist stark. Ganz schön unangenehm, wenn er laut auf mich zukommt, auf mich deutet, mich somit aus der anonymen Masse heraushebt ..."*

Und als Konsequenz: *„Ich leg mich lieber mit dem Mathematiklehrer dort drüben an, der die ganze Zeit nur auf seine Füße blickt und rückwärts geht, wenn er uns ermahnen will."*

Übung 7: Die Realität

Behaupten Sie sich in der Schule und vor der Klasse!
Ich wünsche Ihnen viel Erfolg!

Schlussbemerkung

Ich hoffe, dieses Buch hilft Ihnen, einen (notwendigen) Teilbereich Ihres Führungsstils zu verbessern.

Unruhe in der Klasse entsteht natürlich nicht nur durch schlechte Sanktionierung. Angemessene Vorbereitung, gute Laune und Menschenkenntnis, Motivation und eine positive Einstellung den Schülern gegenüber stellen beispielsweise genauso unabdingbare Eigenschaften eines Lehrers dar.

Wenn Ihre Erklärungen langweilig, umständlich und viel zu ausschweifend ausfallen, hält es logischerweise irgendwann keinen Schüler mehr auf seinem Stuhl, egal wie gut Sie sanktionieren.

Kurzum, Sie müssen natürlich auch etwas zu bieten haben ...

Lassen Sie sich Ihre positive Grundeinstellung nicht von ein paar schlecht gelaunten Mitmenschen (Schülern wie Lehrern) nehmen. Trauen Sie sich! Ich drücke Ihnen beide Daumen.

... und viel Spaß beim Sanktionieren!

Anhang

Verhaltensauffälligkeit

Verhaltensauffällige Schüler sind Schüler, deren Verhalten stark auffällt: **Und zwar nicht nur bei Ihnen, sondern generell und besonders in Gruppen.**

Wenn Ihr Führungsstil Mängel aufweist, dann haben Sie mit Sicherheit viel **weniger** verhaltensauffällige Schüler, als Sie denken.

Beispiel: Hans zappelt in Ihrem Unterricht herum. Er lässt sich sehr leicht ablenken und stört dadurch andere Schüler (und Sie natürlich). Auf Ihr Ermahnen hin reagiert Hans nicht bzw. nur kurz. Es scheint ihm egal zu sein, ob Sie ihn ermahnen oder nicht. In letzter Zeit gibt Hans des Öfteren freche Antworten.

Hans kann drei Stunden vor dem Fernseher sitzen – ohne zu zappeln. Hans geht am Wochenende mit seinem Opa angeln. Hans hat einen Lieblingslehrer (nicht Sie), bei dem er nicht auffällt.

Das Verhalten von Hans ist auffällig.
Hans ist (sehr, sehr wahrscheinlich) nicht verhaltensauffällig.

Achtung: Verhaltensauffällige Schüler lassen sich nicht in den „normalen" Unterricht integrieren. Blinde, taube, lernschwache, körperbehinderte Kinder sind integrierbar – verhaltensauffällige Schüler nicht!

Diese Schüler wollen Ihnen selbstverständlich nichts Böses. Ihr Gezappel und Getue können sie selbst nicht steuern. Sie verhalten sich (gruppendynamisch) nicht „natürlich". Diese Schüler brauchen Hilfe.

Aber nicht von Ihnen! (Es sei denn, Sie sind ausgebildeter V-Lehrer.)

Wie bei jeder anderen Krankheit, tun Sie diesen Schülern keinen Gefallen, wenn Sie an ihnen auf eigene Faust herumdoktern.

Lassen Sie solche Schüler testen!

Mir ist Folgendes sehr wohl bewusst: Die Grenze zwischen dem auffälligen Verhalten, das vom Führungsstil des Lehrers „mitverschuldet" ist, und echter Verhaltensauffälligkeit lässt sich nur schwer erkennen.

Deshalb zusammengefasst die aus meiner Sicht wichtigsten Kriterien für die Krankheit Verhaltensauffälligkeit:

– Der Schüler stört **bei allen** Lehrern erheblich.
– Er hat sein Verhalten oft nicht unter Kontrolle (Ausrasten, Aussetzer, nicht einschätzbare Reaktionen).
– Er besitzt eine zu niedrige Frustrationstoleranz (alle Schüler merken, dass man den V-Schüler nicht in diese bestimmte Situation bringen darf, sonst rastet er aus).
– Er reagiert auffällig auf einen strengen Führungsstil (albert rum, tut so, als hätte er nichts gehört, weicht aus).
– Das Fehlverhalten tritt hauptsächlich in der Klasse auf (innerhalb enger räumlicher Grenzen, innerhalb einer Gruppe).

Selbstverständlich keine Rolle spielen: das Elternhaus, die („schlimmen") Geschwister, der Lebensstandard des Kindes, ob es „gut" oder „schlecht" erzogen wurde, seine Schrift, seine „Schlampigkeit" und sein Hausaufgabenverhalten.

Vereinbaren Sie ein Gespräch mit den Eltern (maximal 20 Minuten). Sagen Sie zunächst etwas Positives über deren Kind, und teilen Sie dann Ihre Beobachtung mit: *„Hier handelt es sich allerdings um ein Verhalten, das stark auffällt …"* Werten Sie nie: *„Ich finde das unerträglich", „… manchmal böswillig …"* usw.

Sagen Sie den Eltern, dass es im Interesse des Kindes liegt, diese Auffälligkeit näher überprüfen zu lassen.

Also: Nicht das Kind ist schlecht, sondern es verhält sich in bestimmten Situationen extrem auffällig.

Das Gespräch mit den Eltern ist notwendig, damit die Eltern spüren, dass Sie auf ihrer Seite stehen und es Ihnen ums Kind geht.

Egal was die Eltern auch sagen, erwarten Sie von ihnen keine Verhaltensänderung. Die Eltern hatten genügend Zeit zum Erziehen – jetzt muss der Fachmann ran!

Mischen Sie sich nicht in die Erziehung der Eltern bezüglich des Kindes ein! Es geht nicht um den Austausch von Erziehungsrezepten. *(„Wenn man mit dem Kind strenger/weniger streng/… umgehen würde, dann …")* Spielen Sie nicht den Familientherapeuten! *(„Weniger Süßes, weniger Fernsehen und Computer, früher ins Bett, aktive Beschäftigung mit dem Kind, mehr Geduld beim Erklären usw.")*

Sie wurden nicht dazu ausgebildet, verhaltensauffällige Schüler zu unterrichten. Ein Herzchirurg zieht keine Backenzähne – er überweist solche Fälle an seine Kollegen. Bleiben Sie professionell.

Ich wünsche Ihnen dabei viel Erfolg!

Anmerkungen zu Textstellen

[1] „Irgendwie hat er für sich betrachtet Recht, meinen Sie?" (S. 5)

Sie sind der Ansicht, dass übermäßiges Trinken mit Persönlichkeitsproblemen einhergeht? Sie meinen, man kann demjenigen mit diesem Tipp nicht wirklich helfen? Das sei alles viel komplizierter?

Ich gebe Ihnen Recht. Sie sagen ja auch **sicher nicht** den Eltern eines Kindes mit Schulproblemen, es müsste weniger fernsehen, regelmäßiger seine Hausaufgaben machen und früher ins Bett gehen. Denn Sie wissen ja selbstverständlich, dass der Fall des Kindes sich ebenfalls viel komplizierter darstellt.

[2] „Es bröckelt an allen Ecken und Enden. Die Insel verändert sich, stimmt's?" (S. 17)

Seien Sie nicht engstirnig dumm! Haben Sie Mut! Stellen Sie sich Ihren Ängsten! Bitte lernen Sie, zwischen beschützenden und unnötigen Ängsten zu unterscheiden: Angst davor, vom Berg in die Schlucht zu springen (ohne Fallschirm)? **Notwendig!** Angst davor, mit dem Auto durch eine überfüllte Stadt zu fahren? **Unnötig!**

Mut haben, locker bleiben, Augen auf – und durch!

Wenn Sie es geschafft haben, belohnen Sie sich (und mich?):
– Kleines Eis für Sie?
– (Kleine) Spende für mich?

[3] „Auf Rangordnungskämpfe innerhalb von Gruppen wurden wir gar nicht vorbereitet." (S. 28)

Bitte bedenken Sie: Sie sind ein Teil dieser Gruppe. Sie stehen nicht über den Dingen, sondern befinden sich mittendrin. Ihre Goldmedaille (1. Platz im Rangordnungskampf) bekommen Sie leider nicht zusammen mit dem 2. Staatsexamen ausgehändigt.

[4] „Zwischen gleichaltrigen Heranwachsenden entstehen notgedrungen erheblich mehr Rangordnungskämpfe als zwischen Kindern verschiedenen Alters." (S. 29)

Die älteren Kollegen unter Ihnen haben zum Teil noch an kleinen Dorfschulen Schüler unterschiedlichen Alters in einer Klasse unterrichtet. Das waren enorme Differenzierungsleistungen, aber – wie die Kollegen berichten – führungstechnisch relativ glückliche Zeiten (und zugegebenermaßen auch andere Schüler).

[5] Leider setzen fast alle pädagogischen Bücher Sanktionieren mit Bestrafen gleich. Tatsächlich bedeutet Sanktionieren aber das Reagieren auf ein von der Norm abweichendes Verhalten. Eine Sanktion kann demnach sowohl positiv als auch negativ erfolgen und umfasst weitaus mehr Maßnahmen als bloßes Bestrafen.

[6] „Danach rede ich wieder vollkommen ‚normal' und höflich mit allen anderen Schülern und natürlich auch mit Ihnen." (S. 40)

Durch das Aufstehenlassen isoliere ich Sie von Ihren Kollegen. Sie müssen sich zeigen und können sich nicht mehr hinter anderen verstecken. (Stehen Sie nicht auf, dann sind Sie feige.) Indem ich von Ihnen die hochdeutsche Sprache einfordere, zwinge ich Sie auf ein recht wackliges Terrain. Ihre normalen (coolen) Sprüche greifen nicht mehr. Zudem bereitet es enorme Schwierigkeiten, auf Hochdeutsch zu fluchen. (Dies funktioniert natürlich nur, wenn Sie von den Schülern generell das Hochdeutsche einfordern.)
Sprechen Sie kein Hochdeutsch, kann ich Sie so lange „anbrüllen", wie ich möchte: *„Sprich Hochdeutsch mit mir!!!"* Ich beschimpfe Sie nicht! Diesen Kampf können Sie nicht gewinnen.

[7] „Sie machen sich unglaubwürdig und können langfristig Ihre Sanktionen nicht aufrechterhalten." (S. 41)

Beim täglichen Unterrichten spielt die eigentliche Strafe nahezu keine Rolle. Das gruppendynamisch Wichtige ereignet sich vorher: beim Ritual der Straf**androhung** und dem Unterordnen des Schülers.

Mit Hilfe Ihres wohldurchdachten Sanktionssystems erziehen Sie die Schüler dazu, in wichtigen Unterrichtssituationen zu gehorchen. Das klingt hart – aber nur so funktioniert das Unterrichten von Gruppen. Schüler tun nicht das, was sie (willkürlich) gerade wollen, sondern bewegen sich in vom Lehrer gesteckten Grenzen.

Natürlich sollten sie dies zuallererst aus Einsicht tun! Jedoch können wir nicht tagtäglich von jedem der 25 Individuen erwarten, immer einsichtig zu sein.

Ein dreitägiger Schulausschluss eines Schülers, der Ihnen **vorher** beim Durchspielen Ihres Sanktionssystems keine Unterwürfigkeit signalisierte, nützt Ihnen überhaupt nichts. Ihr Sanktionssystem versagt bei diesem Schüler weiterhin. Ihre Bestrafungen werden eskalieren, und Sie finden auch weiterhin keine Möglichkeit, den Schüler in irgendeiner Weise zu beeinflussen.

[8] „Nutzen Sie die ganze Bandbreite Ihrer Stimme." (S. 49)

Wenn es Ihnen im Auto schon peinlich ist, laut zu sein, wie können Sie dann erwarten, dass Sie im Unterricht, vor Zuschauern sozusagen, entspannt laut agieren können.

Laut zu sein, muss Teil Ihres unterrichtlichen Repertoires werden, vergleichbar einer guten Tafelanschrift usw.

Das Lautwerden, das Herumschreien gehört zum Säbelrasseln vor der Schlacht. Es dient zur Einschüchterung des Gegners und zur Demonstration der eigenen Stärke. (Sie finden das zu simpel? Schauen Sie sich Bundestagsdebatten an.)

Aus der Praxis für die Praxis!

Danie Beaulieu

Klimazone Klassenzimmer

**88 originelle Techniken
für eine bessere Lernatmosphäre**

Dieser Band zeigt Ihnen, wie Sie Ihre Schüler sensibel auf Probleme ansprechen, mit verblüffenden Techniken ihre Aufmerksamkeit gewinnen und an ihre emotionale Intelligenz appellieren. Die Techniken sind gegliedert in Übungen mit Gegenständen, mit aktiver Teilnahme der Schüler/-innen und mit Bewegung.

Der Band enthält:

▸ 88 Techniken für die Grundschule und Sekundarstufe I
▸ eine Matrix, die zeigt, welche Übung zu welcher Bedürfnislage der Schüler passt
▸ zu jeder Technik Informationen zu Ziel, Material, Durchführung und Sozialform

164 S., DIN A4, kart.
▸ Best.-Nr. **4794**

Linda Nason McElherne

130 originelle Ideen für zwischendurch

Selbstwertgefühl und Sozialkompetenz in der Grundschule fördern – Band 1

▸ Flexibel und ohne großen Aufwand einsetzbar!

Mit diesem einfallsreichen Material verbessern Sie Selbstwertgefühl und Sozialkompetenz Ihrer Schülerinnen und Schüler – und das einfach zwischendurch. Dazu bietet der Band zu **26 Themen je fünf kurze Übungen** mit sofort einsetzbaren Kopiervorlagen. Schwerpunkte sind: Schreiben, Malen und Zeichnen, kreative Aktivitäten, Musik und Bewegung, Teamarbeit.

72 S., DIN A4, kart.
▸ Best.-Nr. **4801**